Bibliothek für Lebenskünstler

Peter

Enkel für Anfänger

von
Reinhart Lempp
mit *Zeichnungen von*
Loriot

Diogenes

Inhalt

Die Kinder

Wer Enkel will, muß Kinder wollen und haben. Das weiß heute auch schon jedes Kind. Die früher gerne erzählte Geschichte von dem rührend unwissenden kleinen Kind, das fröhlich verkündet, es wolle einmal keine Kinder und wenn es alt werde, ziehe es zu seinen Enkeln, erzählt heute kein Kind mehr. Die heutigen Kinder sind schon vor der Einschulung völlig aufgeklärt, nicht nur, wie die Kinder gemacht werden, sondern damit auch über die Generationenfolge. Der Wunsch, keine Kinder, dafür aber Enkel zu haben, ist jedoch kein Kinderwunsch. Auch der Zyniker Tucholsky sagte einmal, das nächste Mal fange er gleich mit den Enkeln an. Was zeigt, daß hinter seinem Zynismus, wie meistens, so auch bei ihm, sich ein Liebesbedürfnis verbirgt.

Also, ohne Kinder geht es nicht, und wenn man von Enkeln träumt, sind die Kinder nicht mehr ganz klein, wohl schon »aus dem Gröbsten« heraus, vielleicht sogar auch schon aus dem Hause. Und man selbst ist auch schon »aus dem Gröbsten« heraus, d.h. man hat, wie man so sagt, den Zenit des Lebens überschritten, man hat seine Midlife-crisis schon hinter sich oder hat sie gerade vor sich. Vielleicht sollen die Enkel darüber hinweghelfen.

Die Kinder jedenfalls sind soweit, daß auch noch die aktivsten Eltern und präsumtiven Großeltern wissen sollten, daß mit Erziehung nichts mehr läuft und sie ihre Kinder so nehmen sollten, wie sie sind. Der Zeitpunkt, bei dem Erziehung nichts mehr bewegen kann, liegt zwar ohnehin schon länger zurück, als die meisten Eltern/Großeltern glauben. Dennoch meinen viele, sie seien noch immer verantwortlich und könnten noch etwas ändern, und manche merken es nie, daß diese Zeit vorbei ist, daß die Änderungswünsche nicht nur Utopien sind, nicht einmal wünschbare Utopien, daß sie sogar hinderlich und schädlich sind.

Nein, wenn man anfängt, von Enkeln zu träumen – oder auch wenn man meint, der Kinder wegen sich vor Enkeln fürchten zu müssen –, dann ist es höchste Zeit, seine Kinder so zu lassen, wie sie geworden sind, und ihnen zu zeigen, daß man damit zufrieden ist. Nicht um jeden Preis glücklich, aber zufrieden, d. h. man läßt sie in Frieden, macht mit ihnen Frieden und gibt sich selber – endlich – zufrieden.

*Es ist höchste Zeit, seine Kinder so zu lassen,
wie sie geworden sind, und ihnen zu zeigen,
daß man damit zufrieden ist.*

Das ist vielleicht nicht immer ganz leicht oder war nicht immer leicht gewesen. Eltern haben Wünsche, Träume, Vorstellungen von ihren Kindern gehabt, die diese oft nicht erfüllen. Warum sollen sie auch? Die Wünsche, Träume und Vorstellungen von unseren Kindern sind nämlich, bei Licht besehen, nichts anderes als die Summe dessen, was und wie wir selbst gerne geworden wären und was wir nicht geschafft haben. Warum sollten es dann unsere Kinder besser können? Und die Bedingungen, unter denen sie Besseres hätten erreichen können, haben wir, ihre Eltern, ihnen geschaffen. Übrigens: niemand kann seine Kinder besser erziehen, als er selber ist.

Außerdem – und das ist das wichtigste – brauchen unsere Träume nicht auch die Träume unserer Kinder zu sein. Diese haben eigene und andere.

Spätestens also, wenn uns der Gedanke an Enkel kommt, sollten wir mit der Erziehung unserer Kinder, der zukünftigen Eltern, mit dem Ändernwollen und mit unseren Wünschen an sie, aufgehört haben, möglichst schon lange Zeit vorher, aber spätestens dann.

Unsere utopischen Wünsche können wir ja

dann wieder an unseren Enkeln ausprobieren. Aber dann ist es gut, wenn wir jetzt selber wissen, daß es utopische Wünsche unserer eigenen Versäumnisse sind.

Die »Schwiegerkinder«

Man muß das »Schwiegerk zwischen Gänse-
füßchen setzen, da dieses »Schwieger«
eine Legalisierung bedeutet. Die Engländer nen-
nen den Schwiegersohn »son-in-law«, Sohn nach
dem Gesetz. Aber von Legalisierung wollen oft
die Kinder und ihre Partner so schnell nichts
wissen. Verlobung – früher einmal die Feier des
gegenseitigen Heiratsversprechens, sogar mit
rechtlichen Konsequenzen – wird kaum noch
gefeiert und Hochzeiten meist erst, nachdem das
Paar schon lange wie ein gutbürgerliches Ehepaar miteinander gelebt hat. Früher mußte man
heiraten, wenn ein Kind zu früh unterwegs war.
Wenn man heute heiraten muß, dann oft aus
steuerlichen Gründen. Das Finanzamt als Ehe-
stifter!

Aber gerade weil nicht mehr von Verlobung
oder Hochzeit gesprochen wird, weil man daran
auch nicht mehr erkennen kann, wie »ernst« sie
es miteinander meinen, wird es für die Eltern um
so spannender. Jede Freundin des Sohnes, ja,
jedes Mädchen, mit dem er sich mehr als zweimal
trifft, könnte ja die zukünftige Schwiegertochter
oder »Lebensgefährtin« des Sohnes sein und

jeden jungen Mann, der die Tochter einmal ab-
holt oder mit dem man der Tochter zufällig allein
zu zweit in der Stadt begegnet, stellt man sich –
nur ganz für sich im geheimen – als potentiellen
Schwiegersohn vor.

Nun hat zweifellos jede Mutter und jeder
Vater in der Phantasie vom Partner der Tochter
und der Partnerin des Sohnes – der Vater meist
mehr von der Schwiegertochter, die Mutter
mehr vom Schwiegersohn – irgendeine Vorstel-
lung.

Um es vorwegzunehmen, die Freunde und
Freundinnen der Kinder entsprechen eigentlich
nie diesen Vorstellungen, aber später zeigt sich
dann, daß sie meist besser sind und realistischer,
als die Phantasie der Eltern sich das ausgemalt
hatte.

Über diese Phantasie würden sie allerdings
nie reden, weder Vater noch Mutter, sie würden sie nicht zugeben, kaum sich gegenseitig,
man verschweigt sie wie etwas Verbotenes. Sie
ist auch tatsächlich verboten, diese Phantasie,
weil es ja die Eltern eigentlich nichts angeht,
wen sie sich heraussuchen, für den Sohn oder
für die Tochter. Außerdem gehören ja immer
zwei dazu und es ist ja kein Supermarkt, in dem

Die Freunde und Freundinnen der Kinder
entsprechen eigentlich nie diesen Vorstellungen.

man sich den Partner heraussucht. Es geschieht mehr oder weniger.

Das war ja nicht immer so, daß es die Eltern nichts angeht. Es gab Zeiten, und es gibt sie anderswo heute noch, in welchen der Vater Schwiegersohn und -tochter herausgesucht und bestimmt hat, den Schwiegersohn mehr als die Schwiegertochter. Diese Zeiten sind glücklicherweise vorbei, auch wenn diese Sitte auch ihre guten Seiten hatte. Die Ehe war zwar nicht das ganz einmalige, ganz persönliche Glück, es gab aber auch weniger Überraschungen, auch weniger böse Überraschungen, und alles blieb im gewohnten Rahmen. Sie heirateten und gewannen sich lieb. So steht es in der Bibel, in dieser Reihenfolge. Jetzt ist es andersherum: sie liebten sich und heirateten dann, vielleicht, und wenn es bei der Liebe bleibt, dann ist es auch besser so.

Aber es sind nicht so selten die vielleicht enttäuschten Phantasien, welche die Eltern so sorgend aufmerksam sein läßt, es ist auch die echte, aber letztlich vergebliche Sorge um das Lebensglück der Kinder. Es ist wie mit der Erziehung. Man meint, das Lebensglück der Kinder steuern zu können. Man kann es nicht und sollte es auch nicht versuchen.

Aber das ändert nichts an der Sorge, die Kinder könnten die falschen Partner wählen, sie könnten sich unglücklich machen für ihr Leben, sie könnten betrogen werden, die »wahren Werte« um eines momentanen Scheins willen übersehen und so weiter und so fort.

An dieser Sorge ist dreierlei falsch:

Erstens denken die Kinder, im Gegensatz zu ihren Eltern, zunächst noch gar nicht ans Dauerhafte, an feste Bindung oder gar ans Heiraten.

Zweitens brauchen die »wahren Werte« der Eltern ja keineswegs auch diejenigen der Kinder zu sein. Auch wenn die Ehe der Eltern tatsächlich von diesen als gelungen betrachtet wird, schließt das immer noch nicht aus, daß ihre Kinder vielleicht sagen: »So jedenfalls nicht!«

Drittens aber sind die Sorgen unnötig, da sich in aller Regel zeigen wird, daß die Kinder – vielleicht erst nach kleineren oder größeren Irr- und Umwegen – durchaus in der Lage sind, herauszufinden, wer zu ihnen auch für längere Zeit paßt, wen sie gewissermaßen »mit nach Hause bringen« können.

Auch wenn die Eltern zunächst andere Vorstellungen von ihren präsumtiven Schwiegerkindern oder Lebenspartnern ihrer eigenen Kinder haben, sollte aber die Tatsache, daß ihre Kinder diesen Partner oder diese Partnerin für wert finden, sich mit ihm oder ihr näher einzulassen, ausreichen, diesen zunächst mit positiven Vorzeichen zu begegnen. Das mag nicht immer leicht sein. Die Mühe, die man sich als Vater oder Mutter dabei gibt, geben muß, wird im allgemeinen dankbar honoriert und wenn der Sohn oder die Tochter die Mühe, die es einen kostet, spürt, dann wird er oder sie seine oder ihre Wahl im stillen eher selbstkritisch überdenken, als wenn die Eltern ihre Ablehnung unverhohlen oder für den Sohn oder die Tochter in peinlicher Weise zum Ausdruck bringen. Damit erreichen die Eltern nur, daß sich ihre Kinder zurückziehen, ihre neuen Freunde und Freundinnen gar nicht mehr nach Hause bringen, nichts davon erzählen und einfach wegtauchen.

Aus meinen Gesprächen mit Eltern, die sich scheiden lassen wollen und um ihre Kinder streiten, vor allem aus Gesprächen mit deren Eltern, also den Eltern und Schwiegereltern der sich scheidenden Partner, weiß ich allerdings, daß diese es ja schon immer gewußt haben, daß der Schwiegersohn, die Schwiegertochter die Falschen waren und deshalb von Anfang an dagegen gewesen sind. Daß dieses Wissen eine self-fullfilling prophecy, also eine Prophezeiung war, an deren Erfüllung sie die ganze Zeit kräftig mitgearbeitet haben, das merken sie allerdings nicht. Zu diesem Kreis, der nachträglich recht behalten will, sollte man sich als Eltern nicht hingezogen fühlen.

Man kann aber auch des Guten zuviel tun, wenn man den neuen Freund der Tochter oder die Freundin des Sohnes allzu schnell und fest in die Arme schließt, um sie nicht mehr loszulassen. Soviel Aufnahmebereitschaft und soviel Liebe bedeutet Freiheitsberaubung und schreckt ab. Die neuen Partner der Kinder suchen deren Freundschaft und Liebe und keine Schwiegereltern, hoffentlich. Solche Eltern wollen damit im Grunde verhindern, daß ihre Kinder Partner finden und sich damit verselbständigen. Das kann man dadurch erreichen, daß man diese Partner einfach zu eigenen Kindern macht und alles bleibt beim alten.

Wenn die Eltern sich allzu sehr, offen oder versteckt und hintenherum, gegen diese neuen Partner und zukünftigen Schwiegertöchter und -söhne wehren, dann steht meistens ein Besitzanspruch an die eigenen Kinder dahinter, also ein

Machtmißbrauch, genauer aber eine eigene Neurose. Man braucht seine Kinder, weil man sonst meint, keine Liebe oder keine Aufgabe oder keines von beiden mehr zu haben. Wer seine Kinder aber festhalten will, wird sie verlieren, und zwar definitiv. Sie laufen ihren Eltern weg, wenn sie stark sind, und wenn sie zu schwach dazu sind, werden sie neurotisch, lebensuntüchtig und lebenslang unglücklich. Die Kinder aber, die man losläßt, kommen wieder, früher oder später, freiwillig, anders als früher, reifer und selbständiger. Diese Erfahrung, eine der schönsten, die man machen kann, sollte man nicht selber verhindern.

Die Sorge aber, die man um die eigenen Kinder hat, wird man trotz allem, trotz allem Wissen und aller Vernunft und Reife, nie ganz loswerden. Die Angst um die Kinder beginnt mit ihrer Zeugung und endet nie mehr. Eltern ohne diese Ängste – immer wieder, oft nur wenig, manchmal mehr – sind nie Eltern geworden.

Die Ehe oder die
Lebensgemeinschaft der Kinder

Früher war das, zumindest für die sogenannten bürgerlichen Kreise, alles wohl geordnet. Die Kinder lernten ihre zukünftigen Ehefrauen und Ehemänner – auf welche Weise auch immer – kennen, der Sohn fragte die Eltern seiner Zukünftigen am Sonntagvormittag zwischen elf und ein Uhr, möglichst unter Vorlage seines Kontoauszuges, um die Erlaubnis, deren Tochter heiraten zu dürfen. Es wurde Verlobung gefeiert. Eine angemessene Zeit danach, wenn der jeweilige männliche Teil tatsächlich genug verdiente und eine sichere Stellung hatte, wurde geheiratet, an einem Samstag, auf dem Standesamt – das hatte auch samstags geöffnet – vormittags, nachmittags dann in der Kirche und erst danach, abends nach dem Familienfest, bei dem sich die neuen Schwiegerelternpaare verlegen duzten, bezog das junge Paar seine eigene Wohnung, wenn es sich nicht auf die Hochzeitsreise begab. Über die Schwelle der Wohnung trug der junge Bräutigam seine Braut – wenn er konnte –, oft das

Über die Schwelle der Wohnung trug der junge Bräutigam seine Braut – wenn er konnte –, oft das letzte Mal, daß der Mann seine Frau auf Händen trug.

letzte Mal, daß der Mann seine Frau auf Händen trug.

Jedenfalls wäre es eine Sünde vor der Kirche – nicht vor Gott –, und für die Vermieter der Wohnung eine strafbare Handlung vor dem Gesetz gewesen, wenn die jungen Leute ohne den Segen der Kirche und ohne den Trauschein des Standesamtes zusammen gewohnt und gelebt hätten, was sie deshalb nur mehr oder weniger heimlich tun konnten.

War es früher eine Voraussetzung zum Zusammenleben, daß man heiratete, ist es jetzt eine Voraussetzung fürs Heiraten – wenn überhaupt –, daß man eine Zeitlang zusammen gelebt hat. Eigentlich ist das eine sehr vernünftige, ja logische Umkehr. Die Haltbarkeit der Ehen hat sich dadurch allerdings nicht verbessert, aber das hat andere Gründe.

Zum Beispiel den, daß die Dauerhaftigkeit einer ehelichen Verbindung keinen Wert an sich mehr darstellt. Wichtiger ist heute, daß man gut miteinander auskommt und man sich nicht gegenseitig auf die Nerven geht. Allerdings war die soziale, moralische und finanzielle Hemmschwelle vor einer Scheidung auch – manchmal – eine Hilfe und ein gewisser Zwang, sich so zu verhalten oder sich so zu ändern, daß man einigermaßen gut miteinander auskam. Fehlt diese Hemmung und ist keinerlei Zwang zum Gut-Miteinander-Auskommen mehr da, dann braucht man ja sich auch nicht mehr so darum zu bemühen. Solange keine Kinder da sind, ist das auch kein ernstes Problem, solange die beiden sich einig sind über das Zusammenbleiben, wie über das Auseinandergehen.

Warum heiraten sie eigentlich nicht? Das hat sehr unterschiedliche Gründe. Oft sind es ganz hohe, ideale Erwartungen an die Institution Ehe, die sie sich nicht zutrauen zu erfüllen. Sie wollen den anderen um keinen Preis nötigen, dazubleiben, wenn er wirklich nicht mehr will. Eine Hemmschwelle zum Weggehen soll es für beide nicht geben, nur die absolute Freiwilligkeit, nur die Liebe soll sie binden und kein Bürgerliches Gesetzbuch, keine Sitte und kein sozialer Zwang.

Daß vielleicht die Liebe, die sich unter einem solchen, freiwillig eingegangenen Zwang entfaltet, eine Liebe ist, die auch eine Verpflichtung einzugehen bereit ist und damit ein wenig schwerer wiegt, als eine solche, die ohne Form, Zwang und Verpflichtung, gewissermaßen eine frei schwebende Liebe bleibt, darüber wäre noch nachzudenken.

Viele wollen nicht heiraten, weil sie bei ihren Eltern gesehen und miterlebt haben, daß Form, Zwang und Verpflichtung nichts genützt haben und von der Liebe bei der Hochzeit nichts mehr übrig geblieben ist, als eine Wirtschaftsgemeinschaft und eine leere Form mit außen immer wieder frisch gestrichener Fassade, oder daß dabei eines der beiden Eltern offensichtlich unter die Räder des anderen gekommen ist. So lehnen sie alle Formen und Sitten als sinnentleert und inhaltslos ab. Für die Liebe zueinander bringt der Trauschein nichts, im Gegenteil, und Steuern zahlen sie meist zu diesem Zeitpunkt sowieso noch keine.

Zum Heiraten ist es selten zu spät, aber oft zu früh. Also reden die Eltern ihnen besser nicht drein, weder zur Heirat, noch dagegen. Das müssen sie selber wissen, und wenn sie spüren, daß die Eltern doch lieber sähen, wenn die gute alte Ordnung ihr Recht bekäme, dann werden sie nur noch bockig.

Jedenfalls ist es kein Zeichen von Verantwortungslosigkeit und Amoral, wenn die Kinder und ihre Partner nicht zuerst zum Standesamt gehen, sondern einfach so zusammenleben und dazu niemand um Erlaubnis fragen. Was früher Unsitte war, ist zur Sitte geworden, und es ist nicht die schlechteste. Die Eltern jedenfalls sollten sich da nicht einmischen. Es ist tatsächlich nicht das Wichtigste. Wahrscheinlich hätten sie es seinerzeit am liebsten auch so gemacht, wenn es »Sitte« gewesen wäre.

Die meisten gehen später dann doch noch aufs Standesamt. Was unausgesprochene Elternwünsche nicht erreichen, das Finanzamt schafft es dann doch.

Oder wenn Kinder da sind, merkt der Vater nach einiger Zeit plötzlich oder so nach und nach, daß er an seinem Kind fast kein Recht hat, und wenn die Mutter von ihm nichts mehr wissen will, daß es dann von ihrer Gnade abhängig ist, ob er sein Kind noch manchmal sehen darf oder nicht.

Das ist ihm dann doch zu riskant. Auch das Kind hat übrigens kein Recht an ihn, nur den Anspruch, daß er zahlt. Nach bundesdeutschem Recht hat ein nicht legalisiertes Kind keinen Vater, nur einen Zahlvater, auch wenn das Kind jahrelang mit ihm zusammengelebt hat und er für das Kind ein ganz wichtiger Mensch ist. Die

Franzosen und die Engländer nehmen das lockerer – und menschlicher.

Der Nachname, den das Kind tragen wird, ist für die Eltern allein auch kein Grund mehr zu seiner Legalisierung. Auch ein eheliches Kind kann heute den Geburtsnamen der Mutter als Nachnamen tragen, wenn die Eltern es so wollen. Das ist gut so, nur die Ahnenforscher werden es einst schwer haben.

Aber das sind Probleme, die gibt es erst, wenn ein Kind da ist, und so weit sind wir ja noch lange nicht.

Die Wohnung der Kinder

War die Wohnung, über deren Schwelle früher der Bräutigam die Braut trug, oft das Gemeinschaftswerk der Väter, vielleicht mit einer Beteiligung des Brautpaares, je nach Gehalt und Vermögen, waren sie wohl versehen mit einem Schlafzimmer – womit nicht das Zimmer, sondern die Möbel gemeint sind – samt Frisiertoilette und Bettumrandung und einem Wohnzimmer mit Eßtisch und Vitrine, so ist die Wohnung der Kinder heute davon weit entfernt. Nicht nur, daß die Väter nicht mitbestimmen, wo sie liegt, wie sie aussieht und was darin ist. Meist erfahren die Eltern erst davon, wenn sie gefunden, bezogen und eingerichtet ist, oft mit der freimütigen Bitte um einen Mietzuschuß. Aber auch dieser ist oft nicht nötig, denn die gemeinsame Wohnung ist billiger als die zwei Einzelzimmer, welche Tochter/Sohn und deren Partner/Partnerin bisher ohnehin bewohnt haben.

Die Einrichtung ist einfach, auf das Nötigste beschränkt und bietet einen Querschnitt durch den Stil der Wohnungen der Elternhäuser zu deren Frühzeiten, ergänzt durch Sperrmüllfunde und selbstgezimmerte Tannenbrettregale.

Aber es gibt natürlich auch heute noch junge Paare, die es sich von vornherein leisten können, gleich eine »richtige«, d. h. komplett möblierte Wohnung mit Einbauküche beziehen können und daran ihre Freude haben. Das entspricht dann auch mehr den Vorstellungen der Eltern und Schwiegereltern. Diese jungen Leute sind aber auch meistens ordnungsgemäß verheiratet.

Vielleicht ziehen die beiden Kinder aber auch in eine WG – Wohngemeinschaft – mit anderen, den Eltern völlig fremden jungen Leuten, denen man als Eltern, wenn man zu Besuch kommt, zunächst einmal bemerkenswert gleichgültig ist.

Eltern, die ihre Kinder in deren neuer Wohnung oder in der WG besuchen, sollten versuchen, ihren ersten Schock über den dunklen, schmutzigen Treppenaufgang oder das Gerümpel im Hausflur zu verbergen, oder wegen einer möglichen Ratte im Hinterhof nicht zu schreien, sondern den Atem anzuhalten, bis sie wohlbehalten in der Wohnung sind. Auch dort werden sie sich – zunächst wenigstens – etwas unwohl fühlen. Wenn es ihnen aber gelingt, den spezifischen Charme solcher improvisierten Etablissements und ihre echte Wohnlichkeit mit der Zeit doch zu erfahren, werden sie sich bald »wie zuhause«

*Die Einrichtung ist einfach, auf das Nötigste
beschränkt und bietet einen Querschnitt durch
den Stil der Wohnungen der Elternhäuser
zu deren Frühzeiten.*

fühlen und diese Wohnsituation der ersten Nachfolgegeneration tatsächlich genießen. Und allzu lange sollten sie sowieso nicht dort bleiben, das stört nur, vor allem in einer WG.

Hier, bei der Einrichtung der Wohnung der Kinder, gilt bereits der Grundsatz für alle Eltern, die Schwieger- und Großeltern werden wollen:

»Seid jederzeit bereit zu tätiger Hilfe, aber nur wenn und nur in der Form, in der sie erbeten wird. Halte gutgemeinte Ratschläge zurück, auch wenn sie noch so gut und vernünftig wären, es sei denn, man wird danach gefragt.«

Im übrigen lohnt sich Geduld. Mit der Zeit wachsen auch die Ansprüche der Kinder an den Wohnungs- und Lebenskomfort, nur ist die Reihenfolge manchmal eine andere.

In Erwartung
des Enkelkindes

Wenn nun die Kinder, als Eheleute oder auch nicht, zusammenleben, dann kommt unausweichlich für deren Eltern die Frage, wie die Kinder es wohl ihrerseits mit Kindern halten wollen, also mit Enkeln.

War früher – wenigstens für gewisse Kreise – das Heiraten eine Voraussetzung fürs Kinderkriegen – keine biologische natürlich, auch wenn es manchmal so scheinen wollte, sondern eine soziale –, so hat heute Heiraten oder auch nur das Zusammenleben unmittelbar gar nichts mehr mit dem Kinderhabenwollen zu tun.

Die Gedanken der präsumtiven Großeltern beginnen mit der Sorge, die Kinder werden doch hoffentlich nicht so unvernünftig sein und schon jetzt, ausgerechnet in dieser Situation – man denkt an das Gerümpel im Hausflur – ein Kind haben wollen und sie werden doch hoffentlich vorsichtig sein und alles Mögliche tun, dies zu verhindern. – Es ist ja heutzutage einfacher als zur Zeit, als der Großvater die Großmutter nahm. – Und diese Sorge reicht bis hin zur heimlich und unausgesprochen gehegten Hoffnung auf ein erstes Enkelkind. Man wäre gegebenenfalls auch zu jeder Hilfe bereit usw.

Aber ob sie, die Kinder, ein Kind haben wollen, jetzt haben wollen oder überhaupt, muß man schon ihnen selbst überlassen. Meist ist das Geld, an dem es zur Zeit sowieso fehlt, gar nicht der entscheidende Grund, auch die improvisierte Wohnung mit der dunklen Hofeinfahrt nicht. Das wären alles keine Gründe gegen ein Kind. Wichtiger ist der Zeitpunkt: jetzt noch nicht, solange die Berufsausbildung noch nicht abgeschlossen ist, solange man noch von Rucksackreisen träumt oder sie auch konkret vorhat. Manche lehnen es auch prinzipiell ab, Kinder in diese Welt zu setzen, in eine total übervölkerte Welt, in der täglich Tausende Kinder Hungers sterben, die von Umweltgiften und atomarer Zerstörung bedroht ist. Alles respektable Gründe, manchmal allerdings nur für eine gewisse Zeit.

Tatsächlich ist es oft sehr schwierig, Berufsausbildung und Beruf mit einem Kind oder gar mit mehreren zu vereinbaren. Das trifft besonders die Frauen, die Töchter, Schwiegertöchter oder Lebenspartnerin. Auch wenn das »Kinderhaben« inzwischen weitgehend zwischen Vater und Mutter aufgeteilt werden könnte – könnte, aber nur selten wird –, so bleibt das »Kinderkriegen« immer noch Sache der Frau und Partnerin. Das kann ihr der Mann und Partner nicht abnehmen. Die Ausbildung oder die Betriebe, der Chef nehmen so gut wie keine Rücksicht darauf. Da sollen die jungen Leute sehen, wo sie bleiben. Also verschiebt man das Kind auf später, wenn die Familie vom Verdienst des einen, von dem des Vaters oder dem der Mutter, leben kann, oder wenn der Beruf keinen Spaß mehr macht, oder eines von beiden arbeitslos ist, oder, oder, oder.

Das ist eine schwierige Entscheidung, denn die Zeit vergeht, man wird älter und will ja nicht das erste Kind mit 40 Jahren kriegen. Außerdem gewöhnt man sich ans Geldverdienen. Davon hat man eigentlich nie zuviel, und auch der Beruf, auf den man lange genug hingearbeitet hat, macht weiterhin Freude.

Manchmal möchte man denken, es wäre gut, nicht soviel zu denken, zu überlegen und zu planen, denn häufig kommt es anders als man plant, und auch Kinder kommen nicht immer auf Bestellung, vor allem nicht zwischen Ängsten, Zweifeln und Problemen. Manchmal wäre es

Es wäre gut, nicht so viel zu denken,
zu überlegen und zu planen, denn häufig kommt
es anders, als man plant.

vielleicht tatsächlich besser, es einfach darauf ankommen zu lassen. Irgendwie wird man dann doch damit fertig.

Man sollte sich als Eltern der möglicherweise zukünftigen Eltern da nicht einmischen, nicht drängen mit freundlichen Bemerkungen, wie: »wann macht ihr uns denn endlich zu Großeltern?« oder »in eurem Alter hatten wir schon zwei Kinder« oder mit ähnlich taktvollen Hinweisen.

Erstens wissen das die Kinder selber sehr gut und es könnte ja auch sein, sie hätten jetzt tatsächlich gerne ein Kind, aber es gelingt nicht immer so, wie man plant. Und dann können solche Ermunterungen ein Ärgernis werden. Also, geduldig warten und nichts sagen und bereit sein, die Entscheidung oder das Schicksal auch der Kinder zu akzeptieren.

Bei echten sozialen Problemen – Geld, Wohnung, Ausbildung – kann manchmal eine nebenbei geäußerte Bemerkung hilfreich sein, die zukünftigen Großeltern wären zur nötigen Hilfe bereit, wenn es je nötig werden sollte –, wenn diese dazu in der Lage sind. Da wir aber hier von Großeltern sprechen wollen, die es werden und nicht von solchen, die vergeblich hoffen und es nie werden, gehen wir davon aus, daß sie eines Tages, überraschend oder nicht, erfahren, daß sie es werden sollen.

Ein denkwürdiger Tag, den sie – zumindest beim ersten Enkelkind – nie mehr vergessen werden. Jetzt wird für sie alles anders, alles wird neu, sie beginnen ein drittes Leben.

Ihre Freude sollen sie ruhig äußern, sie freut auch die jungen Eltern. Die Sorgen, die sich die zukünftigen Großeltern vielleicht machen, sollten sie aber besser für sich behalten. Die Sorgen sind zwar meistens nicht unbegründet, aber sie helfen niemandem, und außerdem machen die jungen Leute sich dieselben schon selber. Was jetzt alle brauchen – alle drei Generationen –, ist Zuversicht und Optimismus.

Jetzt beginnt die Zeit der Großmütter. Sie sind ja auch die, die hier Erfahrung und Kompetenz vorweisen können. Wer könnte bestreiten, daß sie selbst schon Kinder gekriegt haben? Es entsteht eine neue Beziehung zwischen Großmutter und Tochter und Schwiegertochter oder denen, die nun, wenn ein Kind unterwegs ist, vielleicht doch noch bereit sein werden, Schwiegertöchter zu werden. Großväter bleiben dagegen Randfiguren. Sie haben keine Kompetenz, sie brauchen sich nur zu freuen und – wenn nötig – etwas Geld bereitzustellen.

Aber auch die Erfahrung der Großmutter entpuppt sich bald als beschränkt.

Neue Mütter sind selbständig, informiert, gesundheitsbewußt und zielstrebig. Sie gehen regelmäßig zum Frauenarzt, nehmen an Mütterkreisen, Selbsterfahrungsgruppen und Schwangerschaftsgymnastik teil, und die neuen Väter lernen, einen Säugling zu baden, zu wickeln und zu füttern, im Trockenkurs. Sie machen – aus Solidarität und wegen der Gleichberechtigung – auch bei Schwangerschaftsgymnastik mit.

Auch die Babyausstattung hat sich geändert. Blau oder Rosa ist nicht mehr wichtig, obwohl – oder weil – die jungen Leute schon lange vor der Geburt erfahren können, ob es ein Junge oder ein Mädchen wird, wenn sie es wissen wollen. Der Ultraschall macht's möglich.

Überhaupt der Ultraschall! Schon nach wenigen Wochen können die jungen Eltern ihr Kind leibhaftig im Mutterleib sehen, daß es einen Kopf, ein Gesicht, einen Körper und Gliedmaßen hat, ja sie sehen, wie ihnen das Ungeborene vielleicht sogar schon zuwinkt. Das ermöglicht eine ganz neue Beziehung zum frühesten Zeitpunkt, an der auch der Vater – wenn er zur Untersuchung mitgeht – teilhaben kann. Er muß nicht warten, bis er durch Handauflegen, ziemlich spät erst, auch ein wenig von den Regungen des neuen Lebens, durch die Kindsbewegungen, spüren darf.

Aber auch bei den Fahrzeugen fürs Baby hat sich manches geändert. Der in der Zwischenzeit als für die geistige Entwicklung unbedingt nötige komfortable Ausfahrwagen mit Panoramafenster ist dem tragbaren Kinderwagenoberteil, aufsetzbar auf dem autogerecht zusammenklappbaren Unterteil, gewichen. Der zwei Generationen alte Stubenkorbwagen ist dagegen wieder neu akzeptiert und hat alle Plastikfahrzeuge verdrängt.

Großmütter stehen dadurch etwas verwirrt und hilflos dabei, und es ist gut, wenn sie das einsehen und sich nur freuen.

Die Geburt
des Enkelkindes

Schließlich ist es aber soweit, der Sohn, Schwiegersohn oder Pseudoschwiegersohn ruft an, berichtet vom unerhörten und einmaligen Ereignis.

Erste Frage: »Ist alles gutgegangen?«

Die letzten Tage, vielleicht sogar Wochen, waren nicht ohne Spannung, ganz besonders, wenn das Enkelkind sich über den errechneten Termin hinaus Zeit gelassen hat. In einem solchen Falle ist es gut, mit den Kindern auszumachen, daß sie selbst immer wieder einmal anrufen, um zu vermeiden, daß die Tochter/Schwiegertochter jedesmal entschuldigend sagen muß, daß es »immer noch nicht« soweit sei, so, als ob sie etwas dafür könnte und das Enkelkind mit Absicht zurückhielte. Vielleicht erinnern sich die Großeltern noch an die Zeit damals, als sie in der ähnlichen Lage auch unter den teilnehmend-neugierig-vorwurfsvoll-besorgten Anrufen gelitten haben.

Zweite Frage: »Ein Junge oder ein Mädchen?«

Die Großeltern werden in der Regel nicht vorher darüber informiert, auch wenn die Eltern es schon längst wissen.

Diese Frage ist eigentlich unwichtig, aber man will es doch gleich wissen. Im Zeitalter der Gleichberechtigung und seit die Männer nicht mehr allein den Familiennamen weitergeben, sollte es keinen Unterschied in der Freude geben. Ja, wenn nach sechs Enkelsöhnen die erste Enkeltochter kommt, darf man sich *besonders* freuen, aber nicht weniger freuen, wenn es der siebte Enkelsohn ist. Nicht nur die Kinder, auch die Enkel haben ein Recht darauf, von ihren Großeltern gleich geliebt zu werden. Aber die Großeltern bringen das nie fertig, das älteste Enkelkind bleibt immer ihr besonderer Vorzug und Verzug.

Dritte Frage: »Wie heißt es?«

Diese Frage ist wichtig. Muß doch jedes Kind einen Namen haben, mit dem es gerufen wird. Großeltern denken dabei gerne in Traditionen oder Erinnerungen. Es gibt so manche Namen, mit denen sich liebgewordene Vorstellungen und Erinnerungen verbinden, die man wachhalten, wieder ins Leben rufen möchte. Aber diese Gedanken und diese Erinnerungen sind nicht diejenigen der Eltern und schon gar nicht die des Kindes, das ohne verpflichtende Gedankenverbindungen heranwachsen will. Es ist problematisch genug, daß Kinder mit dem Namen leben müssen, der ihren Eltern gefällt, und sie sollen nicht auch noch die unerfüllten Wünsche ihrer Großeltern erfüllen müssen. Also, auf den Namen sollen sich die Eltern einigen. Sie werden sich ohnehin vom Zeitgeschmack nicht ganz freimachen können und wenn sie meinen, einen neuen, ausgefallenen Namen gefunden zu haben, wird es wahrscheinlich spätestens in drei Jahren ein Modename sein. Im allgemeinen erfährt man spätestens nach der Geburt des eigenen oder eines Enkelkindes, daß es plötzlich viele Kinder gleichen Namens gibt.

Nach diesen drei wichtigen Fragen endlich finden die Großeltern Zeit zum Nachdenken. Wenn es das erste Enkelkind ist, beginnt ein neuer Lebensabschnitt, der schönste von allen dreien. Man ist Großvater und Großmutter geworden!

Manche sind über diesen neuen Status zunächst gar nicht glücklich, besonders manche Großmütter, die plötzlich merken, daß sie älter geworden sind. Dabei sind es gar nicht die besonders jungen Großmütter, denen man ihre neue Würde gar nicht ansieht, es sind oft die älteren, denen man es auf Anhieb glaubt, und gerade das schmerzt offenbar.

Diesen neuen Stand zu akzeptieren, sich darüber zu freuen, ist ein Zeichen der Reife. Dabei kann die erste Fotografie des Neugeborenen helfen. Sie ist wichtig, sie soll den Grundstock einer Sammlung von Fotografien in allen Entwicklungsstadien bilden, die griffbereit in Hand- oder Brieftasche jederzeit bereit ist, im Kreise anderer Großmütter, Freundinnen oder auch Berufskollegen auf leicht provozierten Wunsch hin, vorgezeigt zu werden. Die Zahl der Bilder nimmt dann bei den folgenden Enkelkindern allmählich etwas ab.

Jedes neugeborene Enkelkind, nicht nur das älteste, löst jedesmal aufs neue das grenzenlose Erstaunen auch erfahrener Großeltern aus, daß Menschen *so* klein sein können. Man meint, jedes neue Enkelkind sei noch kleiner als das vorhergegangene. Eine echte Erinnerungstäuschung, weil halt jedes sehr schnell und unaufhaltsam größer wird und, bis das nächste das Licht der Welt erblickt, schon ganz groß geworden ist.

Das Enkelkind
als Säugling

Das erste Lebensjahr des Enkelkindes ist die Hoch-Zeit des Großelterntums, zumindest beim ersten Enkelkind. Man darf das Kind genießen, uneingeschränkt und in vollen Zügen, ohne Verantwortung übernehmen zu müssen, wenigstens solange die Tochter oder Schwiegertochter noch den Mutterschutz, das Babyhalbjahr oder das Babyjahr in Anspruch nimmt oder den Beruf aufgegeben hat, d. h. selbst Zeit für das Kind hat und wenn sie das Kind noch stillt.

Wenn man selbst zu Besuch ist oder die Kinder mit dem Enkel zu Besuch kommen und das Baby nachts weint, so braucht das die Großmutter gar nicht zu kümmern, sie könnte ruhig weiterschlafen. Tatsächlich ist sie aber hellwach. Im übrigen kommt es gar nicht dazu, daß das Kind weint, auch am Tage nicht, denn kaum verzieht es das kleine Gesichtchen zum Weinen, bekommt es mit dem Busen der Mutter im echten Sinne des Wortes das Maul gestopft, es wird – wortwörtlich – gestillt, und zwar wo man steht und geht, zu jeder Tages- und Nachtzeit, daheim, in der Straßenbahn, im Kino, auf der Demo, bei der Party oder wo auch immer. Das Kind *darf* einfach nicht weinen.

Da hat sich manches geändert. Die Großeltern erinnern sich noch mit Schaudern daran, wie sie, autoritär unterwiesen von unerbittlichen Ratgeberbüchern, sich streng an die Stillzeiten halten mußten und den brüllenden Säugling vergeblich in den Armen hielten, bis daß die Zeit erfüllet war. »Sonst lernt es nie eine Ordnung«, hieß es oder »Man muß beizeiten dafür sorgen, daß es sich an Regeln gewöhnt«, und »Das Schreien kräftigt die Lungen« und was alles sonst noch.

Man hat es geglaubt, ja es war wissenschaftlich bewiesen, ebenso wie heute die ständige Stillbereitschaft. Es ist schon hart für manche Großeltern, jetzt zu erfahren, daß ihre ganze Mühe um Zeit, Regeln und Ordnung unnötig und müßig war. Allerdings hatte man – mit gutem Gewissen, denn es war ja wissenschaftlich bewiesen – etwas mehr Zeit für sich selber.

Es hat sich vieles geändert. Die Eltern nehmen ihr Neugeborenes ungeniert mit ins Ehebett, um beim ersten nächtlichen Ton sofort stillfähig zu sein, und tatsächlich schlafen sie ruhiger und länger als die Großeltern als Eltern vor vierzig Jahren, zunächst wenigstens noch.

Die Säuglinge bleiben bei den Eltern, nicht nur bei Nacht, auch bei Tag. Und die Eltern lassen sich wegen ihres Neugeborenen von nichts abhalten, was ihnen wichtig ist. Allein wichtig für sie ist die körperliche Nähe des Kindes. Deswegen ist der Tragsack der Japaner und der Indianer wieder entdeckt worden, und das Kind kann überallhin mitgenommen werden, zum Einkaufen in der Stadt, zum abendlichen Zusammensein mit Freunden, in die Vorlesung, bei der Demonstration und beim Kirchentag. Selbstverständlich trägt auch der Vater das Kind vor der Brust. Man merkt ihm an, daß er eigentlich sein Kind gerne stillen würde, wenn er nur könnte.

Es hat sich noch mehr verändert: sorgfältige Überlegungen über die Zufütterung, über die Herstellung von Zweidrittel-Milch und Gelbe-Rüben-Brei sind unnötig geworden. Es gibt alles fertig zubereitet abgefüllt, und daheim häufen sich die neuen Einweggläser mit Babynahrung, in einer Vielfalt angeboten, die der Speisekarte eines Michelin-Stern-Restaurants alle Ehre machen würde.

*Man merkt ihm an, daß er eigentlich sein Kind
gern stillen würde, wenn er nur könnte.*

Auch Windelwaschen am Spülstein, früher ein Inbegriff von Mütterlichkeit, ist out. Entweder gibt es eine vollautomatische Waschmaschine mit Trockenapparat oder – wenn genug Geld da ist – gibt es überhaupt nur Papierwindeln, deren Vorzüge und Güte, die absolute Notwendigkeit ihrer Verwendung in den Medien so deutlich gemacht wird, daß man in die Nähe der Kindesmißhandlung gerät, würde man sie den Babys vorenthalten. Man bräuchte sich nicht zu wundern, wenn das unschuldige Kind deswegen später zum Kriminellen würde.

Jedenfalls, es hat sich nach der Geburt des Enkelkindes viel geändert und die Großmütter, die sich jetzt ob ihrer Erfahrungen und Kompetenz, aber auch ob ihrer übrigen Zeit und Kraft, besonders auf den Plan gerufen fühlen – die Großväter stehen noch immer, durch ihre frühere Rollenfixierung festgelegt, unnütz am Rande und dürfen allenfalls die Ausfahrwagen beim gemeinsamen Spaziergang schieben –, die Großmütter können aber natürlich diese neumodischen Sitten nicht alle gutheißen. Kein Wunder, daß es sie drängt, mit Rat und Tat einzugreifen und zu helfen, verhängnisvolle Fehler der unerfahrenen jungen Frau zu korrigieren.

Greifen Sie, liebe Großmutter, lieber nicht ein, weder mit Tat und schon gar nicht mit Rat, es sei denn, Sie werden ausdrücklich darum gebeten. Die jungen Mütter wollen und müssen ihren Weg selber finden. Vielleicht hilft es, sich an die Zeit zurückzuerinnern, als man selbst junge Mutter war und eine allzu wohlmeinende Schwiegermutter hatte.

Es gibt einen Brief aus dem alten Griechenland, den Plutarch an ein junges Ehepaar geschrieben hat. Darin schreibt er, daß eine jung verheiratete Frau ihre Schwiegermutter um einen Topf bitten soll und diese ihn dann verweigern müsse. Damit war deutlich gemacht, daß die jungen Leute für sich selbst sorgen sollen. Das wußte man damals schon. Aber man braucht es ja auch nicht allzu wörtlich zu nehmen, wenn die Tochter oder Schwiegertochter ausdrücklich bittet.

Ernst Kretschmer, ein berühmter schwäbischer Psychiater, pflegte die Aufgabe der Schwiegermutter so zu definieren: »Kittele stricken und Maul halten.« Auf Hochdeutsch übersetzte er dann: »Tätige Hilfe, aber keine unerbetenen Ratschläge.« Auch die tätige Hilfe ist mit Vorsicht zu bewerten. Die »Kittele«, also

Jäckchen, Pullover, Strumpfhosen, die da gestrickt werden, könnten ja dem modernen Geschmack der jungen Leute widersprechen. Und trotzdem sollten sie noch dafür dankbar sein.

Das Schweigen, das Keinen-Rat-Geben, kann manchmal sehr schwerfallen. Trotzdem. Das Kind leidet nicht darunter. Vergleicht man die seit Jahrtausenden wechselnden Sitten und Moden der Säuglingspflege, so sind die, welche der aktuellen Gesundheit des Kindes schaden, schon längst abgeschafft. Was als Mode übrigbleibt, ist für das Kind unwichtig, so unwichtig wie die Farbe seines Jäckchens, ob rosa, blau oder weiß. Ob Zweidrittel-Milch oder Fertignahrung, ob Stoffwindel, Schafwollwindel oder Supersaugpapierwindel, ob es bei der Mutter, ob im eigenen Korbwagen, ob acht Stunden lang oder nur sieben Stunden lang am Tage schläft, ist für seine Zukunft, seinen Charakter, sein Schicksal völlig egal.

Darüber lohnt sich kein Streit zwischen den Generationen.

Das Enkelkind
als Kleinkind

Wenn das Enkelkind anfängt zu sprechen, beginnt ein neuer, noch schönerer Abschnitt im Großelterndasein, aber auch ein strapaziöser, denn aus dem Baby, das meist lieb, still und mehr oder weniger geduldig im Bettchen lag, ist ein lebendiges, fortbewegungsfähiges, ja fortbewegungsfreudiges Kind, ein echter Nebenmensch, eine Persönlichkeit geworden. Die war es zwar schon vorher, jetzt läßt sich dies aber mit dem besten Willen nicht mehr übersehen.

Jetzt entscheidet es sich, wie das Kind die Großeltern nennt: Oma und Opa, Omama und Opapa, Omi und Opi oder sonst irgendwie. Das Kind braucht ja eine Auswahl, denn es muß gegebenenfalls mit den Namen die beiden Großmütter und Großväter unterscheiden können.

Überhaupt, es gibt ja normalerweise zwei Großeltern. Das kann ein Problem werden, nicht für das Enkelkind, aber für die Großeltern. Es fällt nicht immer leicht, anzuerkennen, daß es noch ein zweites Großelternpaar gibt, daß das neue Enkelkind auch für die anderen Großeltern vielleicht dasselbe unerhörte Ereignis, die gleiche Freude, die gleiche Sorge bedeutet, wie für einen selber. Es ist nie leicht, die Liebe eines Menschen mit jemandem zu teilen.

Das wußte schon Sigmund Freud, als er den Ödipuskomplex erfand. Aber da geht es um das Teilen der Kindesliebe unter zwei Menschen – Vater und Mutter –, die sich selbst auch lieben. Nun muß man die anderen Großeltern – die sogenannten »Gegenschwieger« – nicht gerade lieben, aber anerkennen. Das Enkelkind sieht keinen Grund, nicht beide Großeltern – zunächst einmal – gleich zu lieben. Unvermeidliche Unterschiede des Wesens, der Beziehung zu den Eltern, und vielleicht auch der Wohnort, die räumliche Entfernung zum Enkelkind, führen zwangsläufig auch zu Unterschieden in der Beziehung zwischen Großeltern und Enkel. Diese müssen nicht besser oder schlechter sein, sie sind aber anders. Und dieses Anderssein sollten auch die Großeltern gegenseitig akzeptieren.

Manche Großmutter wird sich, wie wir schon gesehen haben, erst bei der Geburt des Enkelkindes ihres neuen Status bewußt, und es gibt welche, die alles versuchen, dies zu verhindern. Sie lassen sich sogar mit Vornamen anreden, nur um nicht offiziell zugeben zu müssen, daß sie älter geworden sind. Aber das sind Ausnahmen. Enkel zwingen einen zur Reife, die Eltern ebenso wie die Großeltern.

Und wenn sie zu Besuch kommen, nehmen sie sich den Raum, den sie brauchen, beziehen alles in ihren Aktionskreis ein, das Wohnzimmer, die gute Stube, den Salon – wenn es noch einen gibt –, die Küche und vor allem das Zimmer der Großmutter und das Büro des Großvaters, wenn sie solche eigenen Räume haben. Es ist höchste Zeit, alles Zerbrechliche hochzustellen und auf die liebe gute Ordnung zu verzichten, wenigstens bis das Enkelkind abends schläft. Dann kann man alles wieder aufräumen, damit es am nächsten Tag wieder die Möglichkeit zum Ausräumen vorfindet.

Es belegt die Großeltern mit Beschlag, den ganzen Tag, mit Vorlesen, mit Spielen, mit Essen am Tisch der Großen und mit Spazierengehen. Denn die Großeltern, vor allem eine nicht mehr berufstätige Großmutter hat ja ganz offensichtlich Zeit und nichts zu tun. Sie steht nicht unter dem Zeitzwang der berufstätigen Eltern. Spaziergänge sind beliebt, aber nicht, um irgendwohin zu gelangen, sondern um zu versuchen, den eigenen Sportwagen zu schieben, um Schnecken in den Vorgärten zu zählen, um die Strickmütze vierzehnmal auf- und abzuziehen oder einfach um zu schlafen.

Auch die Großeltern müssen manches lernen. Noch immer und immer wieder erschreckt das Kind die Großeltern, wenn es das Fläschchen mit Obstsaft, nur am Sauger lässig im Mund haltend, hin und her schwenkt. Die Großeltern haben immer noch nicht gelernt, daß das Fläschchen aus Plastik ist und damit unzerbrechlich, weshalb es auch einmal im Zorn weggeworfen werden darf ohne jede Folge. Früher wäre das eine Katastrophe gewesen.

Auch die Erziehung, was man darf und was man nicht darf, hat sich geändert. Wann man ins Bett geht oder ob man mittags schläft. Uralte Grundregeln der Erziehung, der Ordnung, Gesundheit und Sitte gelten nicht mehr, wurden durch neue ersetzt oder auch nicht.

Dies weckt manchmal die Neigung der Großeltern, den Kopf zu schütteln, was sie aber unterlassen oder nur innerlich, von außen unsichtbar, tun sollten. Sie brauchen sich an den neuen Regeln nicht unbedingt zu beteiligen. Großeltern haben das große Privileg, nicht erziehen zu müs-

*Am wenigsten werden sie vielleicht mit dem
Fernsehen fertig, aber da geht es ihnen
nicht anders als den Erwachsenen, die auch
damit nicht fertig werden.*

sen, ein kostbarer Schatz, ja eine Gnade, die den besonderen Wert des Großelterndaseins ausmacht. Sie sollen allerdings den neuen Regeln und Gesetzen der jungen Eltern nicht gerade zuwiderhandeln, das wäre unfair, ja hinterhältig, und würde dazu führen, daß die Enkel den Großeltern nicht mehr ohne Aufsicht der Eltern überlassen werden, aber man braucht sie, die neuen Regeln und Gesetze, ja nicht ganz so ernst zu nehmen.

Es ist eigentlich eine sehr beruhigende Erfahrung, daß die Erziehungsprinzipien von Generation zu Generation sich ändern, wiederkehren, verschwinden, ohne daß jemals ganz andere Menschen daraus entstanden wären oder entstehen. Erziehung dient wohl mehr den Eltern und ihren Bedürfnissen als den Kindern. Deshalb kann sie da und dort auch mißbraucht werden als Machtinstrument. Aber jeder Erziehungsfehler wird durch die Liebe zum Kinde ausgeglichen, wenn diese Liebe nicht einem schlechten Gewissen gegenüber dem Kind entspringt. Und Großeltern haben keinen Grund zum schlechten Gewissen und können daher ungehemmt lieben, ohne erziehen zu müssen.

Natürlich haben die Enkel heutzutage viel zu

viele Spielsachen, geschenkt von Eltern, Paten, Freunden, Besuchen, Nachbarn und auch von den Großeltern, aber sie werden damit fertigwerden, ebenso wie sie mit dem Straßenverkehr, dem Lärm, dem Fernsehen und der Weltraumfahrt fertigwerden. Am wenigsten vielleicht mit dem Fernsehen, aber da geht es ihnen nicht anders als den Erwachsenen, die auch nicht damit fertigwerden. Mitgehangen, mitgefangen.

Den Eltern ist die Erziehung noch wichtig, und das ist ja gut so. Deshalb zögern sie manchmal, die Enkelkinder den Großeltern zu überlassen, weil sie partout nicht möchten, daß ihre Kinder so behandelt und erzogen werden, wie sie selbst als Kinder von den jetzigen Großeltern erzogen wurden. Letzlich wird die Erziehung aber doch wieder sehr ähnlich. Auch sorgen äußere Zwänge, Krankheiten, Ausfall der Tagesmutter, berufliche Verpflichtungen oder auch der verständliche Wunsch, wenigstens wieder einmal ein Wochenende ohne Kind etwas zu unternehmen, dafür, daß die Großeltern die Enkel hüten dürfen.

Solange sie dürfen, gibt es keine Probleme, nur eitel Freude. Wenn sie aber müssen, kann es problematisch werden. Ist der äußere Zwang ein

*Sie erleben das Heranwachsen des Kindes,
die Erweiterung seines Gesichts-, Denk-,
Erlebnis- und Handlungskreises mit, als ob sie
so etwas bei ihren eigenen Kindern noch
gar nicht erlebt hätten.*

Zwang, wird das auch von den Großeltern eingesehen, nur ausgenützt wollen sie nicht werden. Aber meist ist das nur eine Sorge, die gar nicht begründet ist.

Solange sie dürfen, ist es das Schönste, was ihnen, den Großeltern, widerfahren kann. Sie erleben das Heranwachsen des Kindes, das Sprechen- und Laufenlernen, die Erweiterung seines Gesichts-, Denk-, Erlebnis- und Handlungskreises mit, als ob sie so etwas bei ihren eigenen Kindern noch gar nie erlebt hätten. Und tatsächlich ist es offenbar so, daß man die Entwicklung, die körperliche und geistige, seiner eigenen Kinder als Eltern gar nicht so in ihrer Fülle und ihrem Wunder erfassen kann, wie es die Großeltern tun. Vielleicht ist man zu dicht darauf, macht sich zuviel Sorgen und wird gedrängt von dem unerbittlichen Ablauf des Alltags. Großeltern haben – wenn sie dürfen und nicht zu lange müssen – den nötigen Abstand und können sich dazwischen auch wieder erholen.

Man sagt deshalb: Großeltern freuen sich über den Besuch des Enkelkindes zweimal. Einmal, wenn es kommt, und ein zweites Mal, wenn es wieder geht.

Großeltern sind aber mehr als nur Hilfstagespflegestellen, so wichtig diese Funktion auch ist und eine solche Absicherung für den Notfall zur Verfügung steht. Großeltern sind darüber hinaus – und das entsteht aus seelischen Hilfsfunktionen – ein wichtiger Teil des Netzes von Bezugspersonen, mit denen das kleine Kind aufwächst. Diese Funktion wird immer wichtiger, seit die Familien immer weniger Kinder haben – nur 1,5 im Durchschnitt –, seit es weniger Onkel und Tanten gibt und weniger »Verwandtschaften«. Daß da neben den Eltern noch andere Erwachsene sind, die das Kind gut kennt, zu denen es gerne geht und bei denen es – wenigstens für eine gewisse, allmählich zunehmende Zeit – auch ohne Mutter und Vater bleiben kann, das ist ungeheuer wichtig.

Es könnte ja auch sein, daß die Mutter krank wird für längere Zeit oder gar einem der Eltern etwas zustößt, dann sind die Großeltern gewissermaßen eine emotionale Auffangstelle für ein verlassenes Kind, so daß es dann doch nicht allein und verlassen ist. Dies ist wohl die wesentliche Aufgabe der Großeltern, für solch eine Notsituation bereit zu sein und froh zu sein, wenn sie diese Aufgabe immer nur zur Freude und zu beider Vergnügen und nie im Ernst und

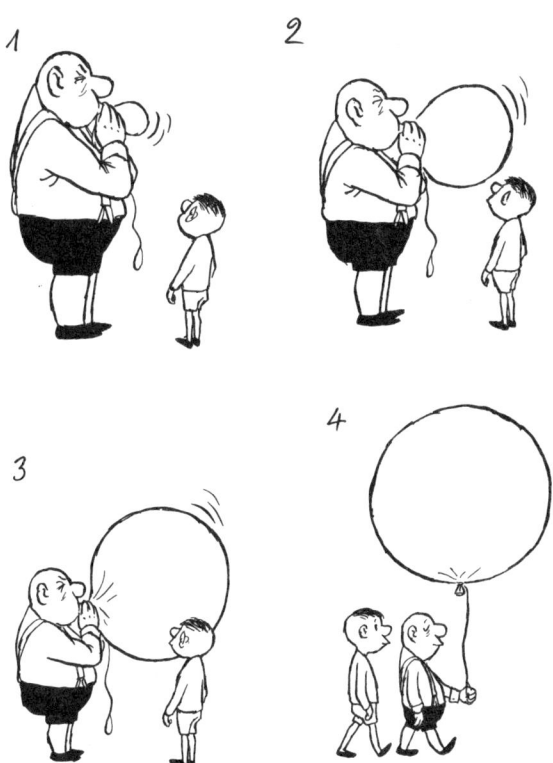

Jetzt nimmt auch die Bedeutung des Großvaters
zu, er kann zum echten Ansprechpartner des
Enkelkindes werden.

Notfall wahrnehmen müssen. Jetzt nimmt auch die Bedeutung des Großvaters zu, er kann zum echten Ansprechpartner des Enkelkindes werden, der seine eigenen Vorzüge hat, bestimmte Späße endlos wiederholen darf und schließlich einen wichtigen Platz bei den Enkelkindern einnimmt.

Großeltern sind wichtiger als man denkt, wenn auch nicht immer so wichtig, für wie sich manche halten.

Das Enkelkind
wird älter

Das Enkelkind wird älter, geht in den Kindergarten, in die Schule und benötigt von den Großeltern immer weniger betreuende Aufmerksamkeit, sondern Interesse an seinem Tun, Denken und Treiben, an seinen Freunden und an seinen Interessen, und wie die Eltern müssen auch die Großeltern zunehmend dankbar sein, wenn das Enkelkind sie daran teilnehmen läßt. Der Besuch bei den Großeltern oder deren Besuch ist Kontaktpflege mit einer eigenen selbständigen Persönlichkeit, die, wie jeder Kontakt mit anderen Menschen, gelingen kann oder auch nicht. Was schon beim eigenen Kind galt, wird immer wichtiger: das Enkelkind nicht als Kind behandeln, sondern ernst nehmen.

Nicht selten gelingt das den Großeltern besser als den Eltern, weil sie nicht so eng und nicht so ununterbrochen, tagaus, tagein, einbezogen sind. Sie können Verständnis haben für die verrückten Ideen der jungen Leute, weil es in einem eigenartigen Generationenwechsel oft dieselben verrückten Ideen sind, denen sie in ihrer eigenen Jugend nachgelaufen sind.

Gerade wenn die Enkel Probleme mit ihren Eltern haben, meinen, mit ihnen nicht mehr so gut sprechen zu können, bieten sich die Großeltern manchmal an. Sie können von den Zeiten berichten, in denen Vater oder Mutter auch Probleme mit ihren Eltern hatten, und alles wird ein wenig kleiner und etwas weniger wichtig, für die Jungen wie für die Alten.

Enkel jedenfalls können den Großeltern ein neues Erleben, eine Art neuer Jugend vermitteln, ihnen das Altern leicht machen. Großeltern sollten ihren Kindern für die Enkel dankbar sein.

Reinhart Lempp
im Diogenes Verlag

»Lieber Lempp,
ich habe Ihr Buch in einem Zug gelesen. Es hat mich
höchlichst amüsiert, Ihre vernünftigen Ansichten zu
erfahren. Und die lustigen Zeichnungen sorgen mit
dafür, daß das Ganze nicht langweilig wird... wie die
meisten Psychologie-Werke sonst. Sie müssen ein un-
gewöhnlicher Professor sein. Ihr Buch versteht das
Leben und beweist, was ich immer sage: Psychologie
bedeutet nichts weiter als gesunden Menschenver-
stand. Vielen Dank für Ihr wunderbares Buch. Ich be-
komme so viele langweilige, tote Bücher, die ich gar
nicht lesen kann. Sie und ich haben die Gabe, unkom-
pliziert zu schreiben.
Herzlich
Ihr *A. S. Neill, Summerhill*«

Reinhart Lempp, 1923 in Esslingen geboren, war Lei-
ter der Abteilung für Jugendpsychiatrie und -neurolo-
gie an der Universität Tübingen, lebt in Stuttgart.

Kinder für Anfänger
Mit Zeichnungen von Loriot

Eltern für Anfänger
Mit Zeichnungen von Loriot

Enkel für Anfänger
Mit Zeichnungen von Loriot

Kinder unerwünscht
Anmerkungen eines Kinderpsychiaters

Loriots Werke
im Diogenes Verlag

»Was ich an Loriot mag, ist seine Intelligenz. Was ich am meisten an seinem Werk bewundere, ist die Art, wie gut alles gemacht ist – wie gut es gearbeitet ist, hätte ich beinahe gesagt, als wäre er ein Handwerker, ein Goldschmied etwa –, und meine damit nicht einen Oberflächenglanz, sondern das Wohldurchdachte, das durch und durch Ausgetüftelte, das mit Raffinement und größter Sorgfalt Erzeugte seiner Produktion.«
Patrick Süskind

Auf den Hund gekommen
44 lieblose Zeichnungen. Eingeleitet von Wolfgang Hildesheimer

Der gute Ton
Das Handbuch feiner Lebensart

Der Weg zum Erfolg
Ein erschöpfender Ratgeber in Wort und Bild

Wahre Geschichten
Erlogen von Loriot

Für den Fall…
Der neuzeitliche Helfer in schwierigen Lebenslagen. Wort und Bild von Loriot

Nimm's leicht!
Eine ebenso ernsthafte wie nützliche Betrachtung in Wort und Bild

Umgang mit Tieren
Das einzige Nachschlagewerk seiner Art in Wort und Bild

Der gute Geschmack
Erlesene Rezepte für Küche und Karriere

Neue Lebenskunst
in Wort und Bild

Loriots Großer Ratgeber
500 Abbildungen und erläuternde Texte geben Auskunft über alle Wechselfälle des Lebens

Loriots Großes Tagebuch
Erheblich erweiterte Ausgabe von ›Loriots Tagebuch‹ und ›Loriots Kommentare‹

Loriots kleine Prosa
Mit vielen Zeichnungen des Verfassers

Loriots Heile Welt
Neue gesammelte Texte und Zeichnungen, erstmals ›Loriots Telecabinet‹

Menschen, die man nicht vergißt
Achtzehn beispielhafte Bildergeschichten

Bibliothek für Lebenskünstler
im Diogenes Verlag

● **Chaval**
Autofahren kann jeder!
Ein neuer Leitfaden für den modernen Kraftfahrer. Mit Bildern von Chaval und Texten von Christian Strich

Fotoschule
Ein unkonventioneller Leitfaden für Foto- und Filmfreunde

● **Hans Gmür & Loriot**
Die Ehe für Anfängerinnen
oder Wie man einen Ehemann erzieht. Mit einem Nachwort von Stephanie Glaser und Zeichnungen von Loriot

● **Janosch**
Rasputin der Lebenskünstler
in Wort und Bild

Günter Kastenfrosch
oder der wahre Sinn des Lebens. Aufgezeigt an einem Kasten u.a.m. von Janosch

● **Loriot**
Auf den Hund gekommen
44 lieblose Zeichnungen. Eingeleitet von Wolfgang Hildesheimer

Der gute Ton
Das Handbuch feiner Lebensart in Wort und Bild

Der Weg zum Erfolg
Ein erschöpfender Ratgeber in Wort und Bild

Wahre Geschichten
Erlogen von Loriot

Für den Fall…
Der neuzeitliche Helfer in schwierigen Lebenslagen. Wort und Bild von Loriot

Nimm's leicht!
Eine ebenso ernsthafte wie nützliche Betrachtung in Wort und Bild

Umgang mit Tieren
Das einzige Nachschlagewerk seiner Art in Wort und Bild

Der gute Geschmack
Erlesene Rezepte für Küche und Karriere

Neue Lebenskunst
in Wort und Bild

Menschen, die man nicht vergißt
Achtzehn beispielhafte Bildergeschichten

Szenen einer Ehe
in Wort und Bild

● **Sempé**
Wie sag ich's meinen Kindern?
Ein Buch über den Umgang mit Kindern

Wie verführe ich die Frauen?
Locker gezeichnet von Sempé

Wie verführe ich die Männer?
Ein nützliches Handbuch